子どもたちに伝えたい！
仕事に学んだ日本の心

外国人が教えてくれた！

# 私が感動した ニッポンの文化

**第1巻** 奥が深いんだ！ 伝統に育まれた道をきわめる

監修 ロバート キャンベル

日本図書センター

## 監修にあたって
# 日本の文化に耳を澄まして

　日本に限らずどこの国でも、昔からの伝統的な学び事をずっと続けて、「外国人でありながら」それを完璧にこなせるように努力してきた人を、わたくしは美しいと思う。

　彼らはものすごくたくさんあったにちがいない選択肢の中から、おそらく誰に言われることもなく、自分一人で「これだ」というものを選びとっている。すごいことだ。わたくしは、日本で伝統文化を学んで学んで、学びぬいて、「ついにマスターした！」という友だちを何人も知っているけれど、みんな目が輝いている。

　何かを体験することでそのことが好きになるというのは、自然なこと。好きになった以上はとことん練習して、昨日できなかったことをやってみせるというのも、最高に気持ちいい。でも体験と言っても、なかなかいいきっかけが見つからなかったり、自分にとってどういうことが面白いのかに、気づくことがむずかしい時もある。そんな時、この本に登場する人々から、いいヒントがもらえるかもしれない。

　日本の伝統文化を自分の仕事にしている外国人は、ほとんど例外なく、日本の「これだ！」に出会う前から、自分の国の文化の何かに興味を持ったり、深く感じたり、勉強したり、あるいはすでに仕事をしたりしている。これから世界に出かけていって何かをきわめたいと思っている若い読者も多いと思う。そうした読者はこの本を読みすすめるうちに、自分がいちばん知っている日本という環境の中で耳を澄まして、すばらしい文化に触れてみることが、実は早道だということに気づくはずだ。

　音楽でも宗教でも染織でも料理でも絵画でもそうだが、本物をきわめた外国人は日本の伝統の外からやってきているので、とっかかり方がちがう。一瞬の出会いの中でアンテナが働き、「つながった！」と思って、それを信じ続けているから今がある。「職業にできることなんて夢のまた夢」。そんな状況に目をつぶらなければ、とても続けられたものではない。みんなねばり強く、と同時に楽しそうにがんばっている。そう考えると、日本のよさは、ひょっとして外側から発見して、飛び込んできた人々の姿と言葉から、ぐっとリアルに感じられるものなのかもしれない。少なくとも、わたくしはこの『外国人が教えてくれた！私が感動したニッポンの文化』を読み返しながら、そう実感したのである。

ロバート キャンベル
（東京大学大学院教授）

# この本の使い方

> わたしたちといっしょに
> 今まで気がつかなかった
> 「ニッポンのいいところ」を
> 見つけにいこう！

日本に魅せられ、日本にやって来て活躍する外国人。このシリーズでは、日本の文化や環境の中で、さまざまな仕事をする21人の外国人と、その仕事との出会いを紹介します。第1巻では7名、それぞれの仕事を通じて、外国人がわたしたちの知らなかったニッポンを教えてくれます。

### 何をする人？
「○○さん」×「仕事」というタイトルで、「誰が」「何に」取り組んでいるのかが、ひと目でわかります。

### profile
紹介する人のプロフィールがわかります。

### 大切なものを紹介！
家族や仕事の仲間、気持ちをこめてつくった作品などを紹介します。

### 仕事の心意気
印象的な言葉、仕事に向き合う姿勢や気持ちを学びます。

### コラム「発見！ニッポン」
なじみのない伝統文化や仕事について、図や写真でやさしく解説します。

### アイテムチェック
仕事に関連する道具、いつも持ち歩いているものなどを、ズームアップして紹介します。

> ぼくも先輩たちみたいに、日本の文化に関心があるんだ

### もっと教えて！○○さん
「日本についてどう思っているの？」など、Q＆A形式でさらにその人の魅力に迫ります。

# もくじ

監修にあたって　日本の文化に耳を澄まして　……………………………… 2

この本の使い方　………………………………………………………………… 3

## 大砂嵐さん×大相撲　………………………………… 6

大相撲の世界では、外国人力士が大活躍しています。そんな外国人力士の一人、大砂嵐関は、中東・アフリカでただ一人の大相撲力士として、日々がんばっています。

## アラン・ウエストさん×日本画　……………………… 12

まわりをお寺に囲まれたアランさんのアトリエ。入口からは中をのぞくことができ、誰もが屏風絵の美しさにうっとり。なぜ、外国人のアランさんは日本画を描くようになったのでしょうか？

## ブルース・ヒューバナーさん×尺八　………………… 18

尺八の音色にジャズのリズムを取り入れたブルースさんの音楽。お世話になった福島県を愛し、震災後は被災地を回ってコンサートを開いています。ブルースさんの尺八の世界や、被災地への思いに迫ります。

## オンジェイ・ヒーブルさん×狂言　…………………… 24

狂言はふつうの人々の身近な出来事をテーマに、セリフやしぐさで笑いを誘う伝統芸能です。この狂言に魅了されたオンジェイさんは、日本で修行を積んだ後、今は母国のチェコで狂言の魅力を広める活動をしています。

## 🇬🇧 ダイアン吉日さん×英語落語 ……… 30

世界中を旅してきたダイアンさん。日本にやって来たときも、すぐに立ち去るつもりでした。でも、気がつけばずっと日本に。落語や日本文化と出会ったためでした。ダイアンさんが大好きな落語や日本文化の魅力に迫ります。

## 🇩🇪 ネルケ無方さん×坐禅 ……… 36

「人生の意味」について思い悩んでいたネルケさん。行き着いた先は、日本の禅宗のお寺でした。日本人よりも日本人の心をもつネルケさんの、「禅」に対する深い思いに耳をかたむけましょう。

## 🇨🇲 富士松ワッシーさん×三味線 ……… 42

ワッシーさんはひょんなことから三味線に出会い、どんどん好きになっていきます。伝統的な三味線と、ワッシーさん独自の音楽が混じり合って、「ワッシー流の新しい三味線の世界」を広げています。

**コラム　ニッポンに恋した外国人** ……… 29
小泉八雲

**コラム　ニッポンの外国人の街** ……… 47
新大久保&大泉町

※この本で紹介している情報は2014年9月現在のものです。

# 大砂嵐(おおすなあらし)さん × 大相撲(おおずもう)

> 誰(だれ)かを目指(めざ)すのではなく、大砂嵐(おおすなあらし)だけの相撲(すもう)を追求(ついきゅう)したい

## profile

出身国(しゅっしんこく)：エジプト
生年(せいねん)：1992年(ねん)
職業(しょくぎょう)：力士(りきし)
紹介(しょうかい)：大砂嵐金太郎(おおすなあらしきんたろう)、本名(ほんみょう)はアブデラハム・シャーラン。14歳(さい)のときに相撲(すもう)と出会(であ)い、2008年(ねん)にエジプトの相撲大会(すもうたいかい)で優勝(ゆうしょう)。世界(せかい)ジュニア相撲(すもう)選手権大会(せんしゅけんたいかい)では個人(こじん)で銅(どう)メダル、団体(だんたい)で銀(ぎん)メダルを獲得(かくとく)した。2011年(ねん)に来日(らいにち)して大嶽(おおたけ)部屋(べや)に入門(にゅうもん)し、初(はつ)のエジプト出身力士(しゅっしんりきし)として活躍(かつやく)している。

身長(しんちょう)189センチ、体重(たいじゅう)158キロの大(おお)きな体(からだ)を生(い)かした、力強(ちからづよ)い相撲(すもう)のスタイルが人気(にんき)の大砂嵐(おおすなあらし)さん。外国人(がいこくじん)のお相撲(すもう)さんはたくさんいますが、エジプト人(じん)としてははじめてです。
夢(ゆめ)は横綱(よこづな)になること。文化(ぶんか)や宗教(しゅうきょう)のちがいを乗(の)り越(こ)えて、大砂嵐(おおすなあらし)さんは毎日厳(まいにちきび)しい稽古(けいこ)に向(む)き合(あ)っています。

## ケンカばかりだった少年時代

　大砂嵐さんは子どものころから体が大きく、やんちゃな性格でした。11歳のときにボディービルを始め、14歳のときにはすでに、体重が120キロもありました。エネルギーを持て余していたため、することはケンカばかり。25人を相手に一人で挑んで、体中が傷だらけになったことも。そんな大砂嵐さんに、エジプト警察の相撲チームが関心をもち、相撲をやってみないかと誘います。試しに勝負をすることになりましたが、対戦相手の体重は約70キロと、自分の半分くらいしかありません。大砂嵐さんは「片手でも勝てるだろう」と自信満々でしたが、7回やって7回とも負けてしまいました。相撲は力や体の大きさだけでなく、技術も大切なのだと思い知ります。

　このことをきっかけに、相撲に興味を持った大砂嵐さんは、家に帰ってからすぐにパソコンで調べ、日本にプロの世界があることを知ります。

　「日本に行ってプロの相撲の世界に入りたい！そして横綱になりたい！」そう決意し、家から車で4時間かかる相撲の道場に通い始めます。それからめきめきと強くなり、16歳でエジプトの相撲大会で優勝、世界大会でも好成績を残します。そして希望がかない、2011年に初めて来日、大嶽部屋へ入門したのです。

## 相撲には国も宗教も関係ない

　相撲部屋での厳しい修行の日々が始まりました。エジプトでは相撲のチャンピオンだった大砂嵐さんですが、日本では全くの新人です。ほかの弟子と同じように、トイレ掃除やちゃんこ番などの雑用を任されました。稽古でも、自分より小さな若手力士に投げ飛ばされます。

　ほかにも大変だったのは、文化のちがいと言葉の壁です。これまでにモンゴル、アメリカ、ブラジルなど、外国出身の力士がたくさんいました。けれど、エジプト人、そしてイスラム教徒は初めてです。多くの日本人は、中東の人やイスラム教という宗教のことをよく知りません。仲間の力士も、大砂嵐さんとどう接すればいいのか戸惑っていました。それに、大砂嵐さんはほとんど日本語が話せなかったため、なかなか仲よくなることができませんでした。そんなとき、大嶽親方からこんな言葉をかけられます。

　「出身がどこの国とか、どんな宗教とかは関係ない。相撲で一番大事なのは心なんだ」

　その言葉は大砂嵐さんを元気づけ、横綱になるという夢を思い出させてくれました。仲間たちに対しても、一生懸命自分から話しかけるうちに、少しずつ仲よくなることができました。周囲の人たちの、イスラム教への理解も深まりました。今ではみんなが大砂嵐さんを気遣い、イスラム教徒が食べてはいけない豚肉は、ちゃんこ鍋に入れません。おかずが豚カツでも、大砂嵐さんにだけは、チキンカツが用意されるようになったのです。

### 家族じまん

親方と女将さんは、日本のお父さん、お母さんだね

師匠の大嶽親方（上）と女将さん（下）。まだ若い大砂嵐さんに、ときにきびしく、ときにやさしく接しています。

## 金星を上げてもすまし顔

　大砂嵐さんの相撲は、力強い攻めが持ち味。中でも、ひじで相手のアゴを突き上げる「かち上げ」は、たくさんの力士から恐れられるほど強力です。大砂嵐さんはどんどん出世し、大嶽部屋入門の翌年には外国人最速で入幕*1を果たします。金星*2も二度上げました。周囲は大喜びしますが、大砂嵐さんは「相手が誰か、番付が横綱かどうかは関係ありません。全ての勝ちはうれしいし、全ての負けは悔しい。金星を上げたからと言って、特別うれしくはないです」と、いつでもすまし顔なのです。

　大砂嵐さんが、プロの世界で初めて土俵に上がったのは2012年。突っ張りからのすくい投げで、見事に勝利しました。初めての取組なのに、勝負の前も後も大砂嵐さんは落ち着いていました。それにはこんな理由があるからです。

　「わたしの夢は横綱になること。そのために、毎回全ての力を出すことだけを考えています。それは初土俵でも今でも変わりません。緊張したこともないですね」

本場所での取組の様子。幕内は15日間相撲を取ります。

力士が土俵にまく「清めの塩」。1日に約45キロ、15日間で650キロも使います。

## 発見！ニッポン　相撲って何だろう？

大砂嵐さんの番付は前頭四枚目だよ（2014年9月現在）

　相撲は日本の国技とされ、1500年以上も前から伝わる伝統文化です。まげを結ってまわしを付けた二人が、相手を倒すか、土俵の外に出すことで勝負を競います。昔は農作物がたくさん取れるように祈る儀式として、また武士の訓練として行われていました。江戸時代には庶民の娯楽として親しまれ、だんだんと全国で興業が行われるようになり、現在の大相撲の形が出来上がったのです。現在、大嶽部屋のほかに、横綱・白鵬が所属する宮城野部屋、元横綱・貴乃花が親方の貴乃花部屋など、約50の相撲部屋に、700人近い力士がいます。

 →  →  →  →  →  →  →  →  →

序ノ口／序二段／三段目／幕下／十両／前頭／小結／関脇／大関／横綱（前頭以降は幕内）

*1 入幕… 番付の最上段に名前が載ること。
*2 金星… 平幕の力士が横綱に勝つこと。

## 世界中の人に相撲を知ってほしい

母国エジプトにも、大砂嵐さんの活躍は知られるようになりました。人気がある柔道やレスリングとちがって、ほとんどの人が知らなかった相撲が、少しずつ広まり始めたのです。なんと、国際会議で来日したエジプトの大統領も、大砂嵐さんに会ってその活躍をお祝いしたほどです。

「エジプト人の力士はわたししかいないので、プレッシャーはありますが、注目されることが原動力になっています。アフリカ・中東の代表として、もっとがんばっていきたいですね」

これからはエジプトだけでなく、アフリカや中東、そして世界中の人に相撲を知ってほしい、というのが大砂嵐さんの思いです。大砂嵐さんが残念に思っているのは、中東の人はすぐ問題を起こすと思われていることです。

「自分ががんばることで、そんなことはないんだよと伝えていきたいです。人と人が仲よくするのに、国籍も宗教も肌の色も関係ありませんから。中東の人や日本人、そして世界中の人々が、わたしの相撲を見ることで、仲よくなるきっかけになればうれしいですね」と大砂嵐さん。

## 横綱になるためには我慢も大事

横綱を目指してがんばっている大砂嵐さんですが、ときどきそれを大変に感じることも。例えば相撲部屋では、自由に外に出られる日は、月に一度くらいしかありません。仲間の力士といっしょに出掛けるのもダメ。伝統を大事にする相撲の世界は、決まりごとがとても多くて不自由ですが、「横綱になるために」と我慢しているのです。

厳しい稽古や決まりごとの中で、大砂嵐さんの心の支えは、エジプトにいる家族や友達です。時間があれば、インターネットでおしゃべりをしています。相撲の話もしますが、「今日は何を食べた？」「学校はどう？」など、普通のおしゃべりがほとんど。毎日相撲に明け暮れている大砂嵐さんにとって、このような何気ない時間が一番安らげるのです。両親は、まだ日本に来たことがありません。いつか日本に招待して、自分の相撲を見てもらうことも、大砂嵐さんの夢の一つなのです。

### 仕事の心意気

応援してくれるたくさんのファンに、よい取組を見せて、喜んでもらうことを、いつも考えています。もちろん、結果も出さないといけません。ケガをしたから、ラマダンがあるから、などというのは関係ありません。「明日がんばればいい」というのもダメ。目の前の取組に全力で挑み、勝ち続けることが優勝につながるのです。何より大事なのは、自分に自信を持って、最後まであきらめないことですね。

## 発見！ニッポン イスラム教のこと、教えて！

イスラム教は、預言者のムハンマドによって、7世紀の初めにアラビアで生まれました。唯一の神アッラーを崇拝する世界三大宗教の一つで、中東を中心として多くの国に広がっています。豚肉を食べてはいけない、お酒を飲んではダメ、などの厳しい戒律があります。また、イスラムの暦で9番目の月はラマダンと言い、約1か月間、日中は食べ物も飲み物も口にできません。

1日のお祈りは夜明け前、正午すぎ、日没の前、日没の直後、夜半の5回。世界中どこにいても、聖地・メッカの方向に向かって礼拝するんだ

## 力士であることが自慢

尊敬している力士はたくさんいますが、目標にしている力士はいません。自分は自分だからです。

誰かを目指すのではなく、大砂嵐だけの相撲のスタイルを追求したいからです。「エジプト出身でめずらしいからではなく、一人の力士として評価してもらい、たくさんの人がファンになってくれ

### 発見！ニッポン 相撲部屋の1日

相撲部屋の1日は、みなさんがまだ夢の中の早朝からはじまります。ここでは、大砂嵐関が所属する大嶽部屋の力士のみなさんの一般的な1日を見ていきましょう。

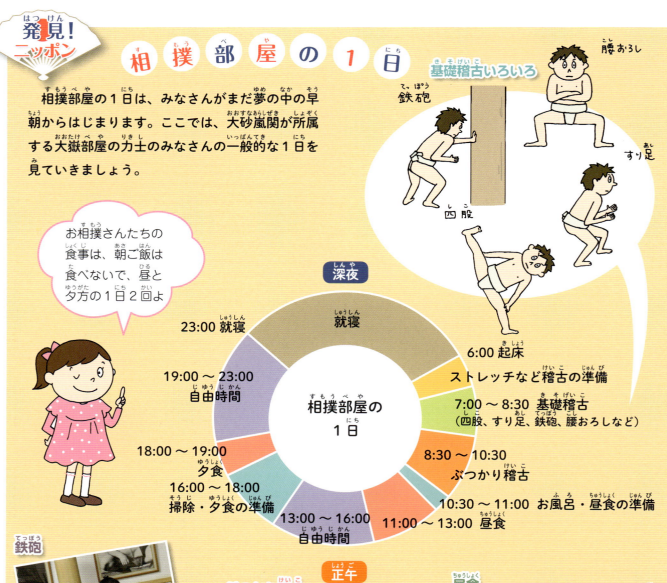

基礎稽古いろいろ（鉄砲、腰おろし、すり足、四股）

お相撲さんたちの食事は、朝ご飯は食べないで、昼と夕方の1日2回よ

**相撲部屋の1日**

- 深夜
- 23:00 就寝
- 19:00〜23:00 自由時間
- 18:00〜19:00 夕食
- 16:00〜18:00 掃除・夕食の準備
- 13:00〜16:00 自由時間
- 正午
- 11:00〜13:00 昼食
- 10:30〜11:00 お風呂・昼食の準備
- 8:30〜10:30 ぶつかり稽古
- 7:00〜8:30 基礎稽古（四股、すり足、鉄砲、腰おろしなど）
- ストレッチなど稽古の準備
- 6:00 起床
- 就寝

朝稽古の様子。左は基礎稽古での鉄砲、右はぶつかり稽古の様子。力士たちは、早朝からはげしい稽古をします。

朝稽古が終わって、お風呂に入った後は、お待ちかねのお昼ご飯。大嶽部屋のちゃんこは、イスラム教徒である大砂嵐さんのために、豚肉を使わないなどの工夫をしています。

るとうれしいですね」と大砂嵐さん。「なぜならわたしは、力士であることが誇りで、自慢なのですから」と笑顔を見せました。

　活躍して番付が上がって、たくさんの人に注目され、大砂嵐さんはすっかり有名になりました。街を歩くと「大砂嵐だ！」「格好いい！」と声をかけられますし、今では世界中からたくさんの取材が来るのです。そんな中でも、相撲で一番大事なのは「心」だという、大嶽親方が教えてくれた

ことを、大砂嵐さんは大切にしています。謙虚な気持ちを大事にして、お世話になった人や、応援してくれている人たちに、常に感謝を忘れないようにしています。

　「相撲が大好きだし、本当に面白いスポーツだと思います。もっと心を鍛えて、横綱になるまでがんばるつもりです。辛いとか大変だと思ったことは何度もあるけれど、やめようと思ったことは一度もないですね」

## もっと教えて！大砂嵐さん

**Q. 子どもたちに伝えたいことはありますか？**
A. 夢を見つけたら、集中してがんばってください。何があっても、人から何を言われても関係ありません。自分が決めたことを信じて、あきらめないで努力し続けてください

**Q. 一番好きな日本語は何ですか？**
A. アラビア語にも英語にもない「よろしくお願いします」という言葉が好きです。日本の心がこもっている言葉ですね

よろしくお願いします！

**Q. 日本人の好きなところを教えてください**
A. 礼儀正しく、上下関係がしっかりしているところ。それと何事も途中で止めずに、一度決めたら最後までやり抜くところも好きです

**Q. 日本人の嫌いなところを教えてください**
A. 日本人は恥ずかしがりです。例えば英語でも、まちがいを恥ずかしがって話さない人が多いです。まちがえることは勉強ですし、ちっとも恥ずかしいことではないのに

# アラン・ウエストさん × 日本画

道行く人が足を止め、飾られている屏風や掛け軸を見て、ウットリと目を細める。
日本画家、アラン・ウエストさんの画廊兼アトリエでは、そんな光景が日常茶飯事。
外国人のアランさんはなぜ、日本画に魅了され、追求し続けるのでしょうか？

> 日本画は映画づくりに似ています。
> 筆師や絵の具職人、たくさんの人と協力しながら作品をつくります

## profile

出身国：アメリカ合衆国
生年：1962年
職業：日本画家
紹介：8歳から油絵を描き始め、高校時代には数々の絵画コンクールで受賞。カーネギーメロン大学芸術学部在学中に初来日し、日本画の技法に魅了される。1999年より谷中に画廊兼アトリエを構え、創作活動を行っている。

# アラン・ウエストさん × 日本画

## 子どものころから決めていた画家になる夢

豊かな自然に囲まれたアメリカの首都・ワシントン。アランさんが生まれた家の裏庭にも原生林が広がっていました。アランさんはいつも、裏庭に咲く美しい花を、8歳の頃から習っていた油絵にしていました。絵を描いていれば幸せで、将来は画家になると、この頃から決めていました。

高校卒業後は大学の芸術学部絵画科に入学。しかし、ここで壁にぶつかりました。

「当時のアートは、反社会的な作品や、アーティストのエゴ（自己主張）だらけの作品ばかり。観ていると不快な気持ちになるものも少なくありませんでした。でも、そういう作品が評価されていたのです」

アーティストは自分のエゴだけでなく、作品を通して人に伝わる影響にまで責任をもたなければいけない。世の中に有意義なことを描くべきだ。そう考えていたアランさんは、大学の授業になじめません。そんなとき、キリスト教の普及活動のために初めて来日しました。

## 求めていた方法は日本画にあった

アランさんはふつうの油絵の具ではなく、兎膠（ウサギの皮からつくられた接着剤）に顔料を混ぜた独自の絵の具を使っていました。ある展覧会に作品を出展したとき、来場者から日本の「大和絵」が同じような方法で描かれていることを教えられたのです。これが、日本に興味をもったそもそものきっかけです。

そんな思いを抱いて来日したアランさんは、たくさんの日本画に触れる中で、自分の描きたいものを実現する方法が日本画にあることにおどろきました。そして、本格的に日本画を学ぶため、東京芸術大学で、先進的な日本画を教えていた日本画家・加山又造先生[*1]の研究室へ。

東京芸術大学は、「アートとはこうあるべき」と教えられたアメリカの大学とちがい、必要最低限の基本的な技術を教わったあとは、自由な創作が許される環境でした。入学して間もなく、加山先生によばれ、こんな言葉をかけられました。「あなたに日本画界の刺激になってほしい」アランさんが大喜びしたのは言うまでもありません。

### 作品じまん

『梅に鶯』

『緑陰の庭』

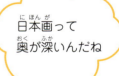

日本画って奥が深いんだね

アランさんは花や草木など、おもに自然を題材にした屛風や掛け軸、版画などをつくっています。

---

[*1] 加山又造（1927～2004）…裸婦像から新宿の街並み、抽象画などはば広い表現で、日本画の新しい可能性を開いた。2003年文化勲章受賞。

## 生き生きした線こそ日本画の命

アランさんは、自然を題材とした作品にこだわり続けています。そしてその人柄以上に、生命力にあふれているのがアランさんの絵です。ここには、計算されたこだわりがありました。

「植物を題材にするとき、写実的に描けば描くほど、植物の持つ本来の力は感じられなくなります。森の中にいるのに、森林浴ができないような感覚になってしまうんです。つまり、自然のよさは見た目のそっくりさにはないということ。だから視覚だけでなく、あらゆる感覚で自然のよさを感じ取ってもらえるような絵を心がけています」

人は何かを見ると、イメージを膨らませてほかのものに置き換える習慣があります。そのため、おどっているように伸びる松を見ると、本当に人間がおどっているように見えることもあります。絵が生命力を宿し、見る人に伝えることができるのです。

そのような生き生きとした絵を描くために、最も大切なのは線だとアランさん。ときに繊細、ときに大胆な線を自由自在に描くため、「矢立て」という携帯用の筆とすずりを持ち歩いています。

「太い線や細い線を描き分けるには、微妙なタッチが必要。それを養うために筆を使っています。昔の人は常に筆を使い、体の一部になっていました。今の時代の人たちが真似るには、同じことをする努力が必要なのです」

> **仕事の心意気**
> 自然のよさは見た目にはない。だから視覚だけでなく、あらゆる感覚で自然のよさを感じとってもらえるような絵を心がけています。

### アイテムチェック

アランさんは東京芸術大学に入ったころから25年間、興味をもった風景やメモを筆で描いてきました。落書き帳には筆によって描かれた繊細な作品がたくさんあります。今では、体の一部のように筆を使いこなせます。

## 発見！ニッポン　日本画って何だろう？

奈良時代から平安時代初期にかけて、中国の唐から伝わった絵画を「唐絵」とよびます。水墨画や中国の風物を題材にしているのが特徴です。一方、平安時代中期になると、日本的な風物を題材にした「大和絵」が描かれました。その後、屏風絵、浮世絵など大和絵の手法に影響を受けた絵画がつくられるようになりました。江戸時代が終わり明治時代になると、文明開化とともに西洋画が伝わります。この西洋画と区別するために、いままでの日本の伝統的な方法で描かれた絵画を、「日本画」とよぶようになりました。

どっちがどっち？

**西洋画**とは
- 画法　西洋から伝わった新しい技法
- 題材　人物中心
- 素材　油絵の具や水彩絵の具など

**日本画**とは
- 画法　日本の伝統的な技法
- 題材　自然など日本的な風物
- 素材　自然の素材を用いた絵の具

アラン・ウエストさん × 日本画

## 表現したいことができるのは屏風絵

　もう一つ大事にしているのは、人の目に映るのは絵の具ではなく「光」だという意識。アランさんは膠にアルミの粉末を混ぜて、普通とは違う光り方をする絵の具をつくるなど、さまざまな研究を行ってきました。加山先生から、金箔や銀箔を酸化させて使う技法も教えてもらいました。これまでできなかった色を表現するこうした方法を、アランさんは現在も積極的に取り入れています。

　そんなアランさんにとって、自分のしたい表現に最も近いのが屏風絵なのです。見た人に、絵の中に入っていけるような錯覚を感じてほしい。そんな思いで、キャンバスの上に層をつくるなどして立体を演出していましたが、それではトリックアートのようになってしまい、「絵の中に入れるような錯覚」という肝心な部分が実現できませんでした。そんなとき、屏風絵を見て理想的だと感じたのです。屏風絵は控えめでありながら立体的。角度によって光の当たり方や反射具合が変わり、絵が表情豊かに見えるため、絵の中に入っていける錯覚と同時に、自然美を表現できるのです。

## 日本画は映画づくりに似ている

　アランさんは1999年に、画廊を兼ねたアトリエを東京・谷中に開きました。東京芸術大学を受験していたころに出会った奥様と結婚し、日本の友だちもたくさんでき、上野をはじめ下町エリアでの美術イベントにも毎年出展するなど、すっか

ふだんはおだやかなアランさん。でも、作品をつくるときの表情は真剣そのもの

↑ 金箔。屏風や掛け軸、パネル画を制作するとき、ほとんどの作品に下地として使います。

↑ 真中の石のようなものは、日本画の絵の具の、「岩絵の具」になる前の原石。緑はマラカイト。下にあるのは膠。これを溶かして岩絵の具と混ぜて使います。岩絵の具だけだと素材に乗らないため、この膠が接着剤となります。

り地域に根付いた生活を送っています。

アランさんが谷中から離れられない理由はもう一つ。それは、全国に9か所しかない日本画材の店のうち、4か所が谷中に集中しているから。日本画家として最も便利な場所こそ、ここ谷中なのです。しかし、現在、日本画に関わる職人たちの数が減ってきています。絵の具職人、掛け軸の生地職人、和紙すき職人、膠職人など、伝統と技法を持った職人たちが、どんどん少なくなっているのです。

「日本画は、筆師や絵の具職人と『この筆をもっとこうしてほしい』『こういう色の絵の具をつくってほしい』と話しながら、協力して一つの絵をつくっていきます。その過程は映画づくりに似ています」

映画監督が専門のカメラマン、スタイリスト、照明などと意見を言い合いながら、いっしょに映画をつくるように、画家も職人たちと日本画をつくるのです。それが人知れず滅びようとしているのが、何より悲しい……。通りがかりの誰もが作品を見られるアトリエにしているのも、たくさんの人に日本画の魅力を知ってほしいため。日本画の需要が増えて、文化がいつまでも続いて行ってほしい。そうアランさんは願っています。

## 屏風絵の見方

屏風は、約1300年前に中国から伝わりました。風よけや仕切りなどの機能と、美術品としての美しさを併せ持ち、古来より愛されてきました。屏風は平らな面を偶数枚組み合わせてできています。複数の面を組み合わせているため、面により光の当たり方が変わり、見る位置を変えることで表情が変わります。

屏風の面は障子のように木製の骨組みに和紙を何重にも貼り合わせたもの。ここに絵を描いて組み合わせることで屏風絵は完成します。

> 角度によって印象がちがうね

> わたしたちみたいね

### 屏風のつくり

六曲一双

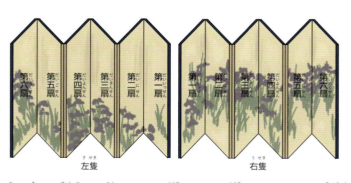

左隻　　右隻

折れ曲がる屏風の1面のことを「扇」といい、扇が6つあるものを六曲屏風といいます。これがペアになった六曲一双屏風が最も一般的です。一双は二つがペアになったもので、一つだけのものは一隻といいます。

> 桜の木を題材にしたアランさんの屏風。折れ曲がっているのが四面で、一つだけなので四曲一隻屏風だよ

アラン・ウエストさん × 日本画

### 絵を描くことは探究

アランさんは、「絵を描くことは探究」と言って、こんなエピソードを明かしてくれました。250年前に建てられたお寺の修復作業で、ふすま絵を描くことになったときのこと。アランさんは、自分のエゴを抑えて、お寺全体の雰囲気と調和したふすま絵を仕上げたつもりでした。ところが後日、そのお寺を訪れた知人から「アランの絵があったよ」と言われたのです。どんなに自分を抑えても、積み上げてきた感性や経験はにじみ出るもの。それを無理に避けようとしても、取り入れても不自然になってしまう。だとすれば何も考えず、画家としてありのままの絵を描けばいい。そう気づいたそうです。

「作品を描き続けることで、どこに導かれるのかはわかりません。でも、一生を通して楽しく描くことはまちがいない。だからこそ探究なのです」

日本画の魅力を語って、アランさんはほほえみました。

**もっと教えて！アランさん**

**Q** 一番好きな日本語は何ですか？
**A** 「森林浴」と「木漏れ日」です。わたしは自然が好きですし、森林浴をしたいから、自然がたくさんある谷中にいるようなものです。毎日、上野駅まで続く緑のトンネルを歩いて、自然を満喫していますよ

木漏れ日って言葉、とってもステキ！

**Q** 日本に来てよかったと思うのはどんなときですか？
**A** 絵を自由に表現しているときに、日本に来てよかったと思います。言葉や生活や食事などのよいところをよく聞かれますが、あまり気にしていません。だって、わたしは絵描きなのですから、自由に絵を描けることが何より大事なのです

**Q** 日本人の好きなところを教えてください
**A** 一般的にですが、アメリカ人より日本人の方が芸術に関心があるように思います。好きな画家や音楽家を聞くと、多くの日本人はうれしそうに答えてくれますよね

**Q** 子どもたちに伝えたいことはありますか？
**A** 世の中には大きく「つくり出す人」と「消費する人」の二通りの人がいます。ぜひ「つくり出す人」になって自分の作品に責任をもち、社会のために何かを生み出すことのすばらしさを知ってほしいと思います。もう一つは、好き嫌いをもつことは個性を伸ばすことにもつながるということです。「好き嫌いはよくない」と教わるかもしれません。けれど、自分の考えや意見をしっかりもつことはとても大切なことです

身長190センチを超えるブルースさん。大きな指を器用に動かして、尺八で美しい音色を奏でます。日本の伝統音楽にジャズを取り入れた、新しい音楽にも常にチャレンジ。国内外、そして愛する東北でのコンサートを通して、人々に笑顔を与え続けています。

**profile**
出身国：アメリカ合衆国
生年：1960年
職業：尺八奏者
紹介：大学生のときにラジオで尺八の演奏を聞き、衝撃を受ける。卒業後に来日し、東京芸術大学邦楽科に入学。人間国宝の山口五郎から尺八を習う。福島県を愛し、東日本大震災後は被災地を回って、これまでに50回以上のコンサートを行っている。

人生につながりが生まれる、それが音楽の一番の魅力かもしれません

# ブルース・ヒューバナーさん ✕ 尺八

## 自然に溶け込んだ尺八の音色

　10歳でフルートを、14歳でサックスを始めたブルースさんは、少年のころから音楽に親しんできました。大学でも、クラシックやジャズを中心に音楽の勉強をしていました。そんなあるとき、運命的な出会いを果たします。たまたま聴いていたラジオから、これまで耳にしたことのない楽器の音が流れてきたのです。それが尺八でした。

　「美しく、すごく迫力のある音だったんです。音符にはない音、例えばドとレの間の繊細な音も表現していて、すごく可能性のある楽器だと思いました」

　尺八は竹でつくられているシンプルな楽器です。指先や舌、それに息など、自分の体全体を使って音やメロディを表現するのです。ブルースさんは、「この楽器は野や山、自然と相性がよさそうだ」と感じました。故郷、カリフォルニアには、世界遺産に指定されている州立公園がいくつもあります。生い茂る木々、迫力のある滝、美しい湖や深い谷などに囲まれて育ってきたブルースさん。大好きな自然の中でフルートやサックスを吹いてみたのですが、あまり相性がよくありませんでした。自然に溶け込む音楽をつくりたい、と思っていたブルースさんにとって、尺八との出会いは、まさに運命的だったのです。

## 言葉ではなく"音"で教わる

　尺八に興味を持ったブルースさんは、大学卒業後に初めて日本を訪れます。とはいえ日本語もできず、どこで尺八を勉強すればいいかもわかりません。生活のため、英会話講師のアルバイトをしていたとき、またしても運命的な出会いが。生徒の一人だった女性が、尺八の先生を紹介してくれたのです。尺八の教室では、通訳もしてくれたこの女性、その後、ブルースさんと結婚することに。まさに運命的な出会いだったのです。

　尺八を通じて日本の文化や歴史に興味をもったブルースさんは、アメリカにもどって日本の歴史や宗教を勉強することに。そして、留学生として再び日本を訪れ、東京芸術大学に入って、さらに本格的に尺八を学んでいきます。人間国宝の山口五郎先生*1をはじめ、たくさんの有名な先生に稽古をつけてもらいました。

　「先生たちの尺八の音は本当にすごいんです。言葉で何かを教わったというより、いっしょの時間を過ごしたり、生演奏をすぐ近くで聞けたりしたことが、本当に貴重でした」

　演奏するときは正座をして、まっすぐ前を向くのが基本的なスタイルです。ジャズやロックのように、自由に動くことはできません。最初はそれが大変だったというブルースさんですが、知れば

⬆ 東京芸術大学の卒業式の写真。

⬆ 人間国宝、山口五郎先生と。山口先生をはじめ、多くの人たちから尺八のあらゆることについて学びました。

ブルースさん、何だか緊張しているみたい

---

*1 山口五郎(1933〜1999)…琴古流尺八の第一人者。東京芸術大学尺八科初代教授に就任、教育者としても多くの後進を育てる。また、世界各国におもむき、尺八の国際理解にも大きく貢献。1992年、人間国宝に認定。

知るほど奥深い尺八の世界に、すっかり夢中になっていきました。

## 伝統音楽の閉鎖的な世界を広げる

ブルースさんは、伝統的なスタイルを大事にしながら、尺八の新たな可能性にもチャレンジし続けています。2002年に「カンデラ（Candela）」というジャズバンドを結成。民謡をジャズ風にアレンジしたり、ジャズの名曲を尺八で演奏したりと、型にはまらない活動をしてきました。日本の伝統音楽と、故郷のアメリカで生まれたジャズを組み合わせて、新しいジャンルの音楽をつくり続けているのです。

「ジャズはとてもはば広い音楽。いろいろな国の人たちが移住してきたアメリカで、ラテン（中南米）、アフリカ、クラシックなどさまざまな音楽が合わさって生まれました。その中で、尺八も必ず活躍できると思うんです」

尺八は伝統音楽であるために、保守的な部分もあります。ほかの流派の曲を演奏してはいけない、一度その流派から離れると、もどることができない、など。昔ながらの決まりごとは、伝統を守る一方で、新しい演奏者やファンを遠ざけてしまっています。そんな中で、ブルースさんは自分のことを「日本の伝統音楽の閉鎖的な世界を広げる、『尺八革命家』」とよび、新しいことに取り組み続けているのです。

> **仕事の心意気**
> ぼくたちがコンサートをするとき、いろいろな国の音楽を取り入れるようにしています。アフリカの音楽もあれば、アイルランドの音楽もある。なぜそうしているかというと、「その音楽を好きだから」なんです。日本の伝統を大事にしているのも、「好きだから」「いいものだから」。そんな「好きなこと」をそのまま表現するだけでなく、うまく組み合わせていくことで、これまでにない面白いものができますよ。

## 自然豊かな第二の故郷

ブルースさんの第二の故郷、それは福島県です。東京芸術大学を卒業した後、友人の紹介で、福島の大学で6年間先生をしていたのです。故郷のカリフォルニアにも負けない美しい自然に囲まれ

↑ 箏奏者のマクイーン時田深山さんとのリハーサルの様子。コンサートの前は、いつも猛練習です。

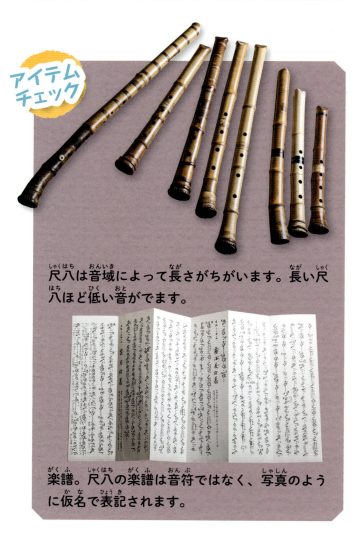

**アイテムチェック**

尺八は音域によって長さがちがいます。長い尺八ほど低い音がでます。

楽譜。尺八の楽譜は音符ではなく、写真のように仮名で表記されます。

ブルース・ヒューバナーさん × 尺八

て、ブルースさんは生徒たちに音楽や英語を教えていました。授業が終わると、川や滝で遊んだり、サイクリングをしたりと、大好きな自然を楽しみました。友達もたくさんでき、福島を離れるときはとてもさびしかったと言います。

「プロの音楽家として活動するために、東京に行くことにしたのですが、とてもさびしくてしょっちゅう福島に帰っています。本当はずっと福島で暮らしたいんです」

2011年3月に東日本大震災が起きたとき、ブルースさんは海外コンサートから帰る途中で、韓国の空港にいました。友人たちからの連絡やニュースで地震のことを知り、日本にもどってすぐに東北に駆けつけました。建物は壊れてめちゃくちゃになり、たくさんのガレキが積み上げられています。家を失い、食べる物もない人たちのために、炊き出しでとん汁が配られていました。雪も降っていて、凍えるような寒さです。ブルースさんは、尺八を取り出して演奏を始めました。

## うれしかった「ブルースも被災者だね」

被災地はとても悲しくて大変な状況でした。けれど、人々はブルースさんの演奏を聞いた後に、笑顔で話しかけてきてくれました。生きることに精一杯なときでも、人はきれいな花を見ると、心が癒されます。ブルースさんの尺八の音も、そんな役割を果たしたのです。「福島の人々への恩返しをしたい」という思いから、ブルースさんはこれまでに50回以上、東北でコンサートをしてきました。首都圏でも積極的にコンサートを行い、復興のお手伝いをよびかけています。

「チャリティーではないんです。わたしも同じ立場から、どうすれば東北が元気になるか、いっしょに考えていきたいんです」

がんばるブルースさんを見て、あるとき被災地の人が「ブルースも被災者だね」と言いました。同じ仲間として認められたようで、とても嬉しかった、とブルースさんは顔をほころばせました。これからも仲間たちと、東北でコンサートを続けていくつもりです。

↑ ブルースさんは被災地を精力的にまわり、コンサートを開催。仮設住宅（上）と、避難場所である体育館（下）でのコンサートの様子。

### 仲間じまん

尺八が、ブルースさんとたくさんの人たちを結びつけたんだね

友達や仲間といっしょに食事をしたり、お酒を飲んだり、話をしたりすることが、ブルースさんにとっては何よりの楽しみだそうです。

## 音楽を通じて人生につながりが

現在、神奈川県横浜市に住んでいるブルースさん。家の近くには大きな自然公園があり、静かで、とてもいい環境です。春に桜の木の下で演奏していると、花見客がとても喜んだことがありました。公園のスタッフに「ぜひコンサートをしてください」と頼まれ、青空の下で尺八を演奏。以来、「さくら前線ツアー」という名前になり、ブルースさんにとって毎年恒例のコンサートになっています。

「尺八の演奏者として、日本で暮らすことに意味があるんです」とブルースさん。現代の日本人の多くは、あまり尺八に興味を持っていません。ところが誰でも尺八の音を聞くと、なぜか懐かしく感じるのは、それが日本人のルーツの楽器だから。日々の生活を通じ、日本の文化や歴史、四季を全身で感じることで、尺八をより理解することができる、ブルースさんはそう思っているのです。

「尺八という楽器を通して、奥さんや師匠、たくさんの友達、仲間と出会うことができた。人生につながりが生まれたんです」とブルースさんは笑顔を見せます。それこそが、音楽の一番の魅力なのかもしれません。これからも、尺八の魅力を日本だけでなく、世界中に広めていきます。

尺八の音色と、ライトアップされた桜。うっとりしちゃうね

↑ 桜の咲く季節には、毎年恒例の「さくら前線ツアー」。たくさんの人がこのツアーを楽しみに待っています。

### 発見！ニッポン

### 尺八ってどんな楽器？

尺八は、奈良時代に中国から伝わってきた竹製の管楽器です。一番多く使われている尺八の長さが1尺8寸(約54.5cm)であるため、その名前でよばれています。唄口という部分から息を吹き入れることで音が出て、5つの穴を指で開閉させるほか、息の圧力や角度によって音の高低を変化させます。江戸時代、虚無僧とよばれる僧侶が、お経を唱える代わりに尺八を吹き、人々から施しをもらっていたことでも有名な楽器です。

ありがたいお経の代わりですぞ

尺八の各部名称
表・裏・唄口・五孔・四孔・三孔・二孔・一孔

ブルース・ヒューバナーさん × 尺八

## もっと教えて！ ブルースさん

**Q** 日本の好きなところを教えてください

**A** 日本は川や湖など、水がとてもきれいです。四季によって景色が変わりますし、地域ごとに名産の食べ物があるので、ツアーでいろいろな場所に行くのが楽しみです

**Q** 子どもたちに伝えたいことはありますか？

**A** 面白いことをしたいなら、自分から行動するようにしましょう。誰かが誘ってくれるのを待っていると、一人ぼっちのままですから。「さくら前線ツアー」も、公園で尺八を吹いていたから始まったんです。外に出て、自分のしたいことをしてみましょう！

Let's go!

**Q** 日本の嫌いなところを教えてください

**A** 近所に自然公園があるのですが、休みの日で天気がよくてもあまり人がいないんです。でも、ショッピングモールはとても混んでいる。自然の中での遊び方や過ごし方を忘れている人が多い気がします

**Q** 一番好きな日本語は何ですか？

**A** 「おかげ様で」「いただきます」「ごちそう様」は、感謝の気持ちを表すよい言葉です。英語にはこれらの意味の言葉はないんですよね。あと、尊敬の気持ちを伝える敬語も英語にないので、日本語はよくできているなと思います

それじゃ、英語を話す国では、どうやってごはん、食べ始めるんだろう？

## profile

出身国：チェコ共和国
生年：1977年
職業：狂言師茂山七五三研修生
紹介：国立カレル大学日本語学科で学び、2002年、同志社大学国文学科に入学。大蔵流狂言師・茂山七五三から狂言を学び、大阪大学大学院博士課程で能、狂言を研究。「なごみ狂言会・チェコ」の代表として、ヨーロッパ各地で活躍する。

高校生のときに、日本の古典芸能、狂言に出会ったオンジェイさん。母国・チェコで生の舞台を見て夢中になり、留学で来日してから本格的に狂言の稽古を始め、役者として舞台に立つようになりました。現在は、劇団を率いてチェコ語の狂言をヨーロッパの各地で上演しながら、世界に通じる表現としての狂言を伝えています。

> 狂言は、世界に誇れる日本の演劇。600年の歴史がある、キレイでいきいきした笑いです

# オンジェイ・ヒーブルさん × 狂言

## チェコで出会った日本の古典芸能

オンジェイさんが、初めて狂言に出会ったのは15歳のとき。舞台監督でもあった合気道の先生が、ロシア語に翻訳された『骨皮』という狂言の脚本を読ませてくれました。なまけている住職と素直な見習僧との、こっけいなやりとりの中に風刺がもりこまれた物語でした。オンジェイさんは、その面白さにおどろきました。見よう見まねでチェコの人たちの前で上演してみたら、お客さんは大笑い。オンジェイさんは、国のちがいをこえて人を笑わせられる狂言の力を感じました。

チェコの大学で日本語を学んでいたころ、大蔵流の狂言師、茂山七五三*1さんの一座がチェコで狂言を上演しました。狂言の生の舞台を初めて見たオンジェイさんはとても感動して、「チェコで狂言を指導する機会をつくってください」と、七五三さんにお願いしました。2年後にその願いが実現して、オンジェイさんはますます狂言に夢中になりました。大学を卒業後、日本に留学してからは、学業のかたわら狂言の修業を始め、さらに、大学院に行って狂言の研究を続けました。

### 衣装じまん

チェコの布でも日本の着物とおんなじようにつくれるんだね

装束の着物は、チェコの布を使ってメンバーで手づくりしたもの。外国の生地を使っても、とても自然です。

## 狂言の笑いの「美しさ」

狂言は、笑い話を、独特のジェスチャーや「謡」とよばれる音楽を交えて演じます。舞台の上の役者は、袴を身に付けて、非日常的で不自然な動きをします。台詞も、現代の日本人が使わない古い言葉に、独特の節をつけて語ります。ふだん目にする機会が少ない芸能なので「むずかしい」と感じる人も多いのですが、オンジェイさんは、その狂言の中に、ほかの演劇にはないすばらしさを発見しました。

「チェコで狂言を上演すると、みんな大笑いしますよ。狂言は600年前にチェコから9000kmはなれた日本で生まれました。これほど昔に遠いところで生まれた芸能なのに、現代のチェコ人に通じることが、いっぱいあるからです。テレビで見られる笑いには、下品なことや、人をばかにするものも多いです。でも、狂言は大名や侍といった、位の高い人たちのために演じられてきた芸能なので、下品であってはならないのです。600年という長い時間の中で、むだなものは全てなくなって、言葉も動きも美しく洗練されてきました。古い伝統があって、でも今でも、キレイでいきいきしている。わたしが知っている世界中の演劇の中で、このように美しい言葉と演技で人を笑わせることができるのは、狂言だけです」

↑「なごみ狂言会・チェコ」による『柿山伏』の上演風景。チェコの人たちは大笑いでした。

---

*1 茂山七五三(1947〜) … 大蔵流狂言師。数多くの海外公演に参加するほか、「子ども狂言の会」の指導も行うなど、狂言の普及にも熱心に取り組む。

## 日本の伝統を外国に伝える工夫

オンジェイさんは現在、「なごみ狂言会・チェコ」という団体で、チェコ語の狂言を上演しています。2014年の夏には、滋賀県の大津市で日本人の観客の前で上演しました。オンジェイさんと他のメンバーは皆、袴をすっきりと身につけ、すり足\*2でなめらかに舞台に登場。よく通る声で発声されるチェコ語の台詞は、リズム感、抑揚\*3も日本の狂言とそっくりで、「やいやいやい」というような狂言独特のかけ声もそのまま使います。台詞や謡の心地よさや、ユーモラスなジェスチャーといった狂言の型と雰囲気をいきいきと伝えて、外国人にも日本人にも楽しめる舞台にしたのです。

オンジェイさんは台本を翻訳するとき、チェコ語でも狂言らしく聞こえるように工夫をしています。まずは音のこと。「台詞は、物語を説明するだけではなく、お客さんの耳を気持ちよく楽しませるものです。わかりやすく、そして日本語に近い音の言葉を選びます。言葉の中にある音節（音の区切り）の数まで注意して、日本語と同じように、なめらかに聞こえる台詞にするのがむずかしい。日本語は、もともと台詞や謡が美しくひびくような音のしくみを持っています。神様が謡のためにつくった言葉だと思います」。台詞の意味を伝えることは、さらにむずかしい。狂言の台本には、複雑な人間の心も表現されています。それを理解するためには、実際に演じてみることが大切だと、オンジェイさんは言います。

「演技を学ばないと、本当の台詞の意味はわからない。例えば、狂言には怒っている言葉を使っていても、心の中では笑っている……というような場面もあります。これは演じないとわからない。言葉だけで意味をとらえようとすると、まちがって翻訳してしまうことになります」

現在、オンジェイさんがチェコ語に翻訳した狂言の台本は13本。狂言の言葉、そしてその心まで伝えるために、今も学び続けています。

## 心を「型」で表現する

日本の古典芸能には、動き、タイミング、話し方、すべてに決められた「型」があり、稽古ではそれを身体で覚えます。現代演劇とは全くちがいます。「ヨーロッパの演劇だと、舞台監督は新しい表現を求めて演出をする。シェイクスピアのつくった古典、『ロミオとジュリエット』にも、いろいろな演出の舞台があるわけです。しかし、狂言は600年前と同じ型で、完璧に上演しようとします。それは、ちょうどクラシック音楽といっしょです。クラシック音楽も昔からある楽器を使って、昔からある曲を昔のように演奏します。演奏する人の心は、その型の中に表現されるのです。型を利用して心を見せている、ともいえます。楽器がないと音が出ないように、型がないと心を見せられない。心だけでは、何も伝わらないのです」

↑ 2014年8月、大津市伝統芸能会館でオンジェイさんと「なごみ狂言会・チェコ」の2人のチェコ人メンバーが演じた『呼声』。

\*2 すり足…足を持ち上げないで、床をこするように進む歩き方。
\*3 抑揚…言葉を声に出すときに、調子を上げたり下げたりすること。

## 日本の伝統はお風呂のようなもの

チェコはその歴史の中で、外国に支配されていた期間が長く、とくに第二次世界大戦後は共産主義の影響で、海外の文化に触れる機会がほとんどありませんでした。それが変化したのが1989年、民主化革命が起きたのです。オンジェイさんが12歳のときでした。それから、チェコにはたくさんの海外の文化が紹介されました。中でも、日本の文化はすばらしいものとして受け入れられているそうです。「日本は歴史がある魅力的な国、そして質の高い工業製品をつくる国というイメージもあります」。狂言は、そうした日本文化の一つとしてチェコの人に歓迎されています。

> **仕事の心意気**
> チェコの人は、狂言を『伝統だからむずかしい』と思わずに、素直に笑ってくれるのです。
> でも、チェコでは、日本のように伝統だから大切に守られるということがない。
> ぼくたちがお客さんを感動させられなければ、チェコでの狂言は、すぐになくなってしまいます

「チェコの人は狂言を、マンガやジャズのように、外国の文化の一つとして接しているから、『伝統だからむずかしい』と思わずに、素直に笑ってくれるのです。でも反対に、チェコでは日本のように、伝統だから大切に守るということがない。ぼくがお客さんを感動させられなければ、チェコでの狂言は、すぐになくなってしまいます」

### 発見！ニッポン　狂言って何？

狂言は約600年前の室町時代に、「猿楽」とよばれる芸能から始まりました。「主人」「大名」とよばれる中心的な人物、「太郎冠者」「次郎冠者」という召使い、動物や子どもも登場して、語りと動きと音楽とで笑い話を演じます。登場人物が身につける袴や、着物の上に着る肩衣の面白いデザインも見どころです。

能と狂言は、江戸時代には大名家に保護されて、より洗練された芸能となりました。現在、能や狂言の芸は、それを専門とする家で親から子へと伝えられているほか、一般の人でも弟子となって稽古をする人がたくさんいます。

狂言は能とともに世界遺産に登録されて、海外からも注目されています。新作狂言もつくられ、はば広い層に楽しまれています。

**狂言の装束（衣装）**

太郎冠者　主人

#### 小道具のいろいろ

**狂言面**　動物や鬼、神様など、人間ではない役柄に使います。

**烏帽子**　頭にかぶって身分や立場を表わします。

**扇子**　のぞいたり、あおいだりする動作に使います。

オンジェイさんの「なごみ狂言会・チェコ」は、年間で50回以上、狂言の公演をしています。チェコ以外でも、スロヴァキア、ポーランド、オーストリア、バルト三国でも上演しました。そのほか、子どもたちに狂言を教えています。ヨーロッパでこれだけ熱心に狂言の活動をしているのは、おそらくオンジェイさんだけでしょう。

狂言をヨーロッパで伝えるオンジェイさんには、どんな夢や目標があるのでしょう？「まだまだ深く基礎を勉強したいと思っています。わたしたち外国人にとって、日本の伝統は、お風呂のようです。実際に入ってみないと、どれくらい深いかわかりませんね。狂言から学べることは、たくさんあります。それは、世界の宝物ですよ」

## もっと教えて！オンジェイさん

**Q** 日本の子どもたちに伝えたいことはありますか？
**A** 失敗をおそれないで、もっと楽しんで。うれしかったら、大声を出してもいい。でも、『お行儀が悪い』とおこられないところでね

**Q** 日本人の好きなところを教えてください
**A** いったん目標を決めたら、それを完璧にやろうとするところ。狂言にはいいかげんな人間も登場しますが、役者はそれを、完璧に演じようとしますね

**Q** 日本で受けたカルチャーショックはありますか？
**A** 魚介類を生きたまま料理する「活け造り」です！ お刺身になった伊勢エビが、まだ動いていて、こちらを見ているのを食べるのが、ショックだった

**Q** 一番好きな日本語は何ですか？
**A** 「かたじけない」。日本語で一番ていねいなお礼の言葉だと教わったのですが、現代ではめったに使わないですね。知らずに大学の先生に対して使ってしまって、その場をシーンとさせたことも（笑）

「かたじけない」は確かにあまり使わないかも

## ニッポンに恋した外国人

column

『耳なし芳一』も八雲が再話したんだ！

# 小泉八雲
### 1850～1904年

　作家の小泉八雲ことラフカディオ・ハーンは、ギリシャのレフカダという島で生まれました。父親はアイルランド人、母親はギリシャ人です。ハーンが7歳のころに両親が離婚。大叔母に引き取られ、イギリスの学校に入学しますが、16歳のときにケガで左目を失明してしまいます。さらに翌年には大叔母が破産と、不幸が続いたハーンは、新天地を求めてアメリカへ移住します。そこで新聞記者になり、才能が開花するのです。ハーンはルポルタージュ、フランス文学の翻訳など、はば広い分野で、精力的に記事を発表していきました。

　日本との出会いは1884（明治17）年です。博覧会で日本の美術工芸を見たハーンは、その美しさに引かれ、日本に関心をもつようになりました。1890（明治23）年に初来日し、知人の紹介で、島根県松江市の尋常中学校で英語教師として働き始めます。このとき、日本の文化や宗教、その精神性、そして人々の優しさに触れて、ますます日本を愛するようになりました。妻の小泉セツとの出会いも、この松江市でした。

　1891（明治24）年に熊本の高等学校の教師になり、1894（明治27）年には神戸の新聞社で働き始めます。そして1896（明治29）年、45歳のときに日本に帰化し、「小泉八雲」という名前になるのです。その後、東京帝国大学（現・東京大学）、早稲田大学で講師を務めた後、1904（明治37）年9月26日、心臓発作のため54歳で生涯を終えます。日本を愛し続けた八雲は、『知られぬ日本の面影』『東の国から』など、日本に関する多くの作品を残し、世界中に広めました。また「耳なし芳一」などが収録された怪奇文学集『怪談』は、八雲の作品の中でも最高傑作と言われており、現代でも広く読まれています。八雲の作品は、「私が感動した日本の文化」を、今でも生き生きと伝えています。

➡ 小泉八雲が書いた代表作。左から『怪談』『知られぬ日本の面影』『骨董』。生涯で残した約30冊の著書は、世界中で読まれています。

あでやかな着物とキュートな笑顔が印象的なダイアンさん。
ひとり旅の途中でぶらりと立ち寄った日本で、
落語との運命の出会いを果たします。
ダイアンさんの人生を変えた落語、
そして、「落語家」ダイアン吉日さんの魅力に迫ります。

### profile

出身国：イギリス
職業：英語落語家
紹介：本名はダイアン・オレット。デザイナーとして働いた後、世界を旅する。1990年に来日、日本文化を学ぶ中で落語に出会い、英語落語を始める。日本はもちろん、海外での落語の上演のほか、バルーンアーティストとしても活躍中。
ダイアン吉日ウェブサイト
www.diane-o.com

> 日本文化は、シンプルな中にルールがあり、奥深さがあります。そのルールがあるからこそ、アレンジすることが楽しくなるのです

# ダイアン吉日さん
## ×
# 英語落語

## 旅の途中で出会った日本文化

イギリス人の英語落語家ダイアン吉日さんは、大阪・谷町にある、にぎやかな空堀商店街のすぐ近くに住んでいます。眼の色と同じブルーの着物を着こなして歩くダイアンさんに、地元のおじさん、おばさんが気軽に話しかけてきます。すっかり大阪の下町の雰囲気になじんでいるダイアンさんは、日本に暮らして24年になります。

ダイアンさんは一人で、リュック一つかついで世界を旅していたときに、初めて日本にやってきました。日本のことは何も知らず、とくに目的もありませんでした。3か月くらいで次の国に移動するつもりでしたが、全国をヒッチハイクで見てまわるうちに、日本の伝統文化に興味をもちました。「陶芸、生け花、茶道、着物……日本に来て、次から次へとやりたいことが出てきて、いろいろと習い始めました。もともとデザイナーでしたから、ものをつくること、表現することは好きでした。しかも、こり性なので、好きなことを見つけると、つきつめたくなるのです。生け花の先生の免状を取る勉強、それに茶道のおけいこも始めました。予定していた3か月の滞在では、とても足りなくなりました」

そのころ、知り合いから、風船をいろいろな形にする大道芸・バルーンアートのショーをやってほしいといわれて、ダイアンさんは1回だけのつもりで、見よう見まねで上演してみました。意外にもそれが好評で、プロのバルーンアーティストとして、仕事を始めるようになりました。「日本での滞在は長くなってきましたが、それでも、ずっと日本にいるつもりはありませんでした」

そんなときダイアンさんは、英語落語を上演していた落語家、桂枝雀*1さんの落語会で「お茶子」を務めることになりました。お茶子とは、落語の高座で「めくり」（名前が書かれた紙の札）をめくったり、落語が終わって、次の落語が始まる前に、座布団を裏返したりする高座上でのアシスタントのこと。「お茶子の意味も知らないし、枝雀さんのことも落語のことも知らなかったけれど、好きな着物を着られるチャンスだと思って引き受けました」。その高座で初めて落語を見たダイアンさんは、落語が大好きになりました。

「すごく感動しました。何百人ものお客さんがシーンとして見守る中で、落語家が扇子と手ぬぐいだけをもって『噺』を語る。そして、お客さん一人ひとりの想像力をふくらませる。イギリスにもコメディはありますが、落語は一人で座ったまま何役も演じますし、伝統的なルールもある。日本独特のアートだと思いました」

### 仲間じまん

↑ 若き日のダイアンさん（右）。48か国を旅するほどの旅行好きです。

一人で世界中を旅するって、すごい！　わたしもあこがれちゃうな

ダイアンさんと落語との出会いのきっかけとなった、桂枝雀さんと。

*1 桂枝雀（2代目、1939〜1999）…落語家。英語落語を始めるなど、独創的なスタイルで上方落語の「爆笑王」とよばれた。

## 言葉の壁をこえて笑わせる工夫

桂枝雀さんが亡くなったあと、英語落語会のメンバーからさそわれて、ダイアンさんは初めて新作英語落語『ワンダフル・ジャパン』（山本正昭作）で高座にあがりました。ストーリーは、外国人が日本に来ておどろいたことや、とまどったことをコミカルに描いたものでした。「ギャルのしゃべり方、よっぱらいのしぐさ、タクシーの自動ドア……。自分の経験も入れて演じました。外国人には『あー、自分もそれにはおどろいた』と思えるし、日本人は『外国人には、日本のこんなことがおかしいんだ』と気づく。同じところをちがう理由で笑って、おたがいの習慣や考え方のちがいを勉強できるストーリーです。みんなで笑いながら、いろんなことを知ったり感じたりできる。それが落語のいいところですね」

ダイアンさんは落語を英語で上演することに取り組み始めましたが、落語の面白さは、ストーリーをただ英語に訳しただけでは伝わらないと気づきました。これまで古典落語を英語で演じた人は、ほとんどいませんでした。ダイアンさんは、いろいろな人にアドバイスをもらいながら、古典落語を英語で伝えるための工夫を、自分で考えていきました。

「落語にとって、言葉はとても大切です。古典落語で使われている言葉には100年以上前の日本語もあって、それは現代の日本人にもなじみのない言葉です。もちろん、英語にはない言葉もたくさんあります。それをどうやって話せば、日本の文化を知らない外国人に面白く伝えることができるか？　それがむずかしいところです」

ダイアンさんが工夫したことの一つは、落語に出てくる言葉を、外国人に親しみのあるものに置きかえることでした。例えば、『まんじゅうこわい』という古典落語は、外国でよく知られている寿司に置きかえて『寿司こわい』にアレンジしました。『時うどん』は『たこやきタイム』に置きかえました。そのため外国人に、より親しみをもって落語を聞いてもらえました。こうした落語は好評で、今でもダイアンさんお気に入りのレパートリーになっています。

### 発見！ニッポン　落語って何だろう？

落語は、江戸時代に大衆芸能となった、日本のお話の芸です。室町時代末期から安土桃山時代にかけて、戦国大名の話の相手をする「御伽衆」という人々がいました。その一人、安楽庵策伝というお坊さんが、豊臣秀吉の前でこっけいな「オチ」のつく「噺」を演じてたいへん喜ばれたのが、落語の始まりといわれます。落語は、着物を着た落語家が座布団の上に座ったまま演じ、語りと身ぶり・手ぶりだけで物語を進め、全ての登場人物を一人で演じ分けます。話の最後にオチがある笑い話がほとんどですが、人情にまつわる話や怪談もあります。

豊臣秀吉／安楽庵策伝

## ダイアン吉日さん × 英語落語

↑ 英語落語を演じるダイアンさん。

↑ 花を生けるダイアンさん。落語だけでなく、生け花や着付けの腕前もプロ級です。

### 落語のあらすじ

**まんじゅうこわい**
主人公が、大好きなまんじゅうを、わざときらいといって、周りの人をだまして、まんじゅうをまんまと自分のものにしてしまうという噺。

**時うどん**
屋台のうどん代をうまくごまかす男と、そのマネをして余分に支払ってしまうドジな男の噺。うどんをそばに変えた、「時そば」もほとんど同じ噺。

### 仕事の心意気

海外公演するときは、その土地で使われている言葉や習慣などを事前にしっかり調べておいて、そのときのお客さんにとって自然な言葉を選ぶことで、噺の中にはいってもらいやすくするのです。その国や地域での「タブー」を理解しておくことも大切です。

---

海外公演では、英語の言葉の選び方にも、細やかな工夫を心がけています。「米語」と「英語」はちがう、といわれるように、アメリカとイギリスでは、同じ英語でも言葉の使い方がちがいます。また、若い人とお年寄りでもモノのよび方にはちがいがあります。例えば、お化け屋敷は「ゴーストハウス」といいますが、現代の若い人には「ホーンテッドハウス」という方が一般的です。「上演する土地で使われている言葉や、お客さんがどんな人たちなのかも事前にしっかり調べておいて、そのときのお客さんにとって自然な言葉を選ぶことで、話の中に入ってもらいやすくするのです」

ダイアンさんは、日本人のお客さんに英語落語を聞いてもらうときには、さらにちがった工夫をします。「日本人の多くの人には、英語への苦手意識がありますから、『英語落語が理解できるかどうか、心配だ』という気持ちでびくびくしながら来られる方も多いです。英語が苦手なお客さんが会場にたくさんいると思ったときには、ジェスチャーを多く入れたり、ときには日本語も交えたりして、わかりやすく話します。それで『思っていたよりずっと理解できた。楽しかった！』と感じてもらえればオッケーですね」

### ルールをアレンジする楽しさ

「日本文化は、シンプルな中にルールがあり、奥深さがあります。そのルールがあるからこそ、アレンジすることが楽しくなるのです」とダイアンさんはいいます。「ヨーロッパのフラワーアレンジメントはたくさんのお花を使うけれど、日本の生け花はシンプルです。でもその中にインパクトがあり、そこに心が入っています。茶の湯の『わびさび』の雰囲気も好きですね。わたしはせっかちで動作がはやいのですが、シンプルなお茶室に入って、時間を忘れてゆったりとお茶を楽しむの

は、本当にすばらしいひとときです。着物はルールがたくさんあるから、と日本人でも敬遠する人が多いけれど、いったん着付けの基本(=ルール)を覚えたら、例えば、帯揚げのかわりにスカーフを使ってみたり、帯にお花を飾ったりして、自分なりにアレンジして楽しめますね。わたしの着物の着付けの先生は、やさしい人ですが、着物の着方にはとてもきびしい人です。でも、きびしく教えてもらったおかげで、『きれいに着物を着ておられますね』と、人からよくほめてもらいます。日本人のお友達にたのまれて、着物を着せてあげることもあります。基本をきっちりと学ぶ、型をしっかり身に付ける、ルールを自分のものにすることで、自信をもって表現できるし、自分らしさをアピールできます。それが日本の伝統文化なのではないでしょうか」

ダイアンさんは、小さいころから人を笑わせることが好きだったけれど、実ははずかしがりやで、

ダイアンさんが落語で使う扇子と手ぬぐい。師匠の桂枝雀さんの「雀」の字がプリントされています。

## 発見！ニッポン 落語はどうやって演じるの？

落語は、「定席寄席」という落語などを中心に上演する演芸場のほか、ホールや公民館などでも上演されています。落語が演じられる場所は、舞台ではなく「高座」とよばれます。高座では、落語家は「出囃子」という三味線の音楽にのって登場し、座布団に座って話を始めます。まず、本題とは直接関係のない「マクラ」とよばれる話をして、観客をリラックスさせ、落語の本題に入ります。また、落語家は座布団から立ち上がることなく、歩く、走るといったすべての動作を座ったまま演じる、という決まりもあります。ジェスチャーと声のトーンで複数の登場人物を演じ分け、小道具の扇子と手ぬぐいを、食べ物やあらゆる道具に見立てて使い、語りと身ぶり・手ぶりだけで観客の想像力をふくらませるのが、落語の見どころです。

> 扇子と手ぬぐいだけで、何でも演じられるんだね

### 落語の演じ方
① 舞台にはなんの装置もなく、座布団だけ
② 出囃子の音楽が、落語の始まりの合図
③ 落語、スタート

↓

いろいろなジェスチャーで、その場面をお客さんに想像させる

**食べる** 扇子をおはしに見立てて、何かを食べている場面

**注ぐ** 扇子を少し開いておちょうしに見立てて、お酒を注いでいるポーズ

**書く** 手ぬぐいを紙に、扇子を筆に見立てて、何かを書いているしぐさ

知らない人の前で話したりすることは苦手でした。それが今では、バルーンアートや落語で人を楽しませたり、生け花や着物の着付けを人に伝えたり、たくさんの人の前で堂々と話して、日本文化と外国とのかけはしとなって活躍しています。
「自分が変わったのは、一人で世界中をまわって、どんなことがあっても自分一人で解決しなければいけない、ということを体験して自信がついたから。それと日本に来て、日本の文化や落語とか、それまで知らなかったとても魅力的な世界を見つけることができたから」と語ります。日本だけでなく、外国の子どもたちにも、日本の文化のすばらしさを伝える、それがダイアンさんの夢です。

## もっと教えて！ダイアンさん

**Q** 日本や日本人の好きなところを教えてください

**A** まず、安全なこと。夜、一人で歩いても心配がないし、おさいふを落としてももどってくる。そして、わたしの知らないことをみんなが親切に教えてくれるから、毎日が勉強！

**Q** 日本や日本人の嫌いなところを教えてください

**A** 英語を話すことをこわがって、とても緊張してしまうのが残念。まちがいはだれにでもある。わたしの好きな言葉は「サルも木から落ちる」です。楽しく話せば、心は通じます

**Q** ふるさとや、母国で暮らす両親について教えてください

**A** 生まれ育ったイギリスのリバプールは落語の中の世界のような、人情味あふれる町。お母さんはわたしと同じで、冒険好き。お父さんは伝統的なイギリス人です

生まれ故郷のリバプールと今住んでいる大阪は、どちらも人情味があって似ているのかもしれないね

**Q** 子どもたちに伝えたいことはありますか？

**A** 「夢を追いかけること、チャレンジすることをこわがらないこと」。どうなるかわからないけど、まずはやらなければ何も始まりません

# ネルケ無方さん × 坐禅

坐禅は、ただ座ること。
何のためでもない。
そこが
「坐禅以外のほかのこと」との
大きなちがいです

## profile
**出身国**：ドイツ
**生年**：1968年
**職業**：禅僧、曹洞宗・安泰寺住職
**紹介**：16歳で禅に出会い、ベルリン自由大学に在学中に来日、坐禅を修行。1993年、再び来日し安泰寺で出家。京都府の臨済宗東福寺僧堂、福井県の曹洞宗発心寺で修行を重ねる。2002年に9代目安泰寺住職に。著書に『迷える者の禅修行』ほか。

小さなころから「人生の意味って何？」と悩んでいたドイツ人のネルケさんが、答えを求めて飛び込んだのは、日本の仏教「禅」の世界。厳しい修行を体験して、禅宗のお坊さんになりました。
今は兵庫県の山寺「安泰寺」の住職をつとめています。
「禅」から学んだ生き方について伝える本も書いています。

## 「生きる意味」を坐禅に見つけた

ネルケさんは、キリスト教の牧師を祖父にもつ家庭に生まれました。7歳でお母さんが亡くなるという悲しい体験をして、「自分はなんのために生きるのか？」という疑問に悩むようになりました。

「学校では、成績はよい方でしたが、体育や音楽がダメ。いわゆる頭でっかちな子どもでした」

それが、高校のころに初めて坐禅を体験。身体や呼吸を意識することで、頭の中の殻にこもって苦しんでいた気持ちから解放されて、人生の悩みを解決する糸口を見つけたように思えたのです。

「仏教への関心が高まって、ゆくゆくは日本に渡って禅のお坊さんになろうと思いました。でも、住職になるとは夢にも思っていませんでした」

大学入学前に初めて来日。ドイツの大学では、より深く禅を知るために日本学と哲学を学びました。1990年から半年間、京都大学に留学。現在、住職をつとめる兵庫県の安泰寺などで修行をしました。

学生のときから、禅の道に進むことをハッキリと決めていたネルケさん。「哲学という道もありましたが、ギリシャ時代から何千年も続いている偉大な哲学も、ただの考え方ということで終わってしまう。医学でも『生きることの理由は何か』という苦しみは治せない。禅をきわめることこそが最善と思えたから、この道で人生の悩みを突破できないなら、何をやってももうダメだ。そう思いつめていました。わたしは決めたらとことんやるタイプなんです」

留学していた京都大学を中退して、安泰寺で出家、禅僧になりました。阪神大震災のあと、安泰寺を離れて、2001年には大阪城公園でホームレス生活をおくりながら坐禅をしました。仏教を広めたお釈迦様は、王子様の身分だったのに宮殿を出て修行しました。ネルケさんはそのお釈迦様のように、何ももたずに人々に坐禅を伝えようとしたのです。その経験のあと、ネルケさんは安泰寺の住職になりました。

↓ 安泰寺に来たばかりのころ。左から2番目がネルケさん。安泰寺は当時から外国人の修行者が多い寺でした。

↑ 高校卒業後、初めて訪れたあこがれの日本。ホームステイ先は、仏教徒ではなく、クリスチャンの家庭でした。

ネルケさん かみがながーい！

↑ 大阪城公園のテントで続けた「ホームレス坐禅会」。昼間は托鉢し、よびかけのためにホームページも作成しました。

## 自給自足の坐禅の道場

安泰寺は、一番近い電車の駅からクルマで2時間走ってたどり着く、深い山の中にあります。冬には2メートル以上も積もる雪に閉ざされます。修行者たちはこの山寺で共同生活をしながら畑を耕し、自給自足の生活をしています。修行者の約半数は外国人。いろいろな国からやってきた人たちが、この静かな環境で毎日ひたすら坐禅に集中する、世界に開かれた坐禅の修行の場所なのです。厳しい規則の中で生活する普通の禅のお寺とは、ちょっとちがった雰囲気があります。これまで安泰寺で修行をした人の中には、末期がん患者のためのホスピスを開いた人や、カウンセラーになった人、寺での典座（食事当番）の経験を生かして、ドイツに帰ってレストランを開いた人もいました。最近では坐禅は、世界に知られるようになりました。日本でも、カルチャーセンターで教えるほど、一般に親しまれています。坐禅の経験を生き方や仕事に生かす人、心の健康のために行う人が世界中で増えています。しかし本来、坐禅は「何かのためにする」ことではない。ネルケさんは静かに語ります。

## たった一人の戦い

「坐禅は、ただ座ること。なんのためでもない。そこが『坐禅以外のほかのこと』との大きなちがいです。例えば、勉強は何のためにするかというと、よい学校に進学するため。仕事はお金を得るためです。人生の全てに意味があるはずなのに、失敗することもある。そのときに、何のために生きてきたのかが、わからなくなって絶望する。坐

↑ 坐禅をするネルケさん。

お寺じまん

安泰寺は大正時代に建てられた曹洞宗（禅宗の一つ）のお寺です。最寄りの駅から車で2時間もかかります。ネルケさんが9代目の住職です。上は安泰寺の本堂、下は宿坊*1の様子。

*1 宿坊…お寺にある、僧侶や参拝者のための宿泊施設のこと。

ネルケ無方さん × 坐禅

禅するということは、そういう『意味や理由を求めて走る生き方』からの解放です。何のためでもない、ただ坐禅のためだけに使う時間なのです」

「坐禅は、脚を組んで座ります。そしてじっと動かずに、座ることに集中します。座っている間は、しゃべることもなく、ものも考えず、ただ無心になることを目指します。簡単に思えるかもしれませんが、それはふだんの生活とはまったく反対のことなのです。長い時間、黙って座り続けることも、脚を組んで動かないでいることも、やってみるととても苦しいことなんですよ。それに、脚が痛かったり、眠くなったり、集中できなくてイライラする。そんな自分の気持ちと、たった一人で戦わなければならないのです。一日中座り続ける、苦しい修行もあります。どんなに苦しくても、自分がやらなくてはならない。誰もかわってくれないのです」

「『いっそ、死んでしまおう』と思ったとき、わたしは逆に楽になったんですね。痛みや苦しさが限界をこえたとき、自分ががまんして、がんばっ

> **仕事の心意気**
> 自分の痛みや苦しさが限界をこえたとき、『わたしが坐禅をしている』と思っていたことは錯覚で、もっと大きな力、仏の力に後押ししてもらって、生かされていたと気づくことができたのです。

て、『わたしが坐禅をしている』と思っていたのは錯覚で、もっと大きな力、仏の力に後押ししてもらって、生かされていると気づくことができたのです。自給自足だって、自分が野菜をつくるのではない。太陽も雨も助けてくれる。自然の恵みがあるからできる。人はみんな、大きなつながりの中で生きているのです」

## 一人ひとりがキャプテン

ドイツの小学校には、給食や掃除の時間はありません。「日本の子どもたちは学校で、給食を食べたり、掃除をしたり、生き物を育てたりしますね。そうやって、食事や共同作業を通して、人と

### 禅ってなに？

仏教の宗派の一つです。南インドの達磨が中国に伝えた教えで、日本には鎌倉時代に紹介されました。神社や寺で売っているダルマの人形は、この達磨大師がモデルです。禅宗には、ネルケさんが修行した曹洞宗や臨済宗などの宗派がありますが、修行の中心になるのは坐禅です。

「結跏趺坐」という形に足を組んで、ただ静かに座って心を無にする坐禅は、現代では気持ちをととのえるためのトレーニングとしても注目されています。

茶の湯や枯山水の庭、水墨画、精進料理など、日本の伝統文化には、禅の考え方とともに中国から伝えられ、発展したものがたくさんあります。禅は、明治時代になって欧米に紹介され、「Zen」として世界に通用する言葉となっています。

達磨大師

これが「結跏趺坐」という足の組み方だよ

いっしょに助け合って生きる方法、人とのつながりや調和を学びます。これは、宗教が教えていることに通じるものがありますね」とネルケさん。

「ドイツをはじめとした西洋では、自己主張をしないと生きていけない社会ですが、日本は和を大切にします。『おかげ』*2や『縁起』*3の中で人が生かされていると思います。それはすばらしいですが、和を大切にしてばかりで自分の意見と主張がない社会には、結果が誰のせいなのかハッキリしない、という悪い面もあります。

サッカーで言えば、チームワークばかりを大切にして、誰もシュートを打たないようなもの。人生には、自分が自分のチームのキャプテンにならないといけない場面があります。自分の意見と主

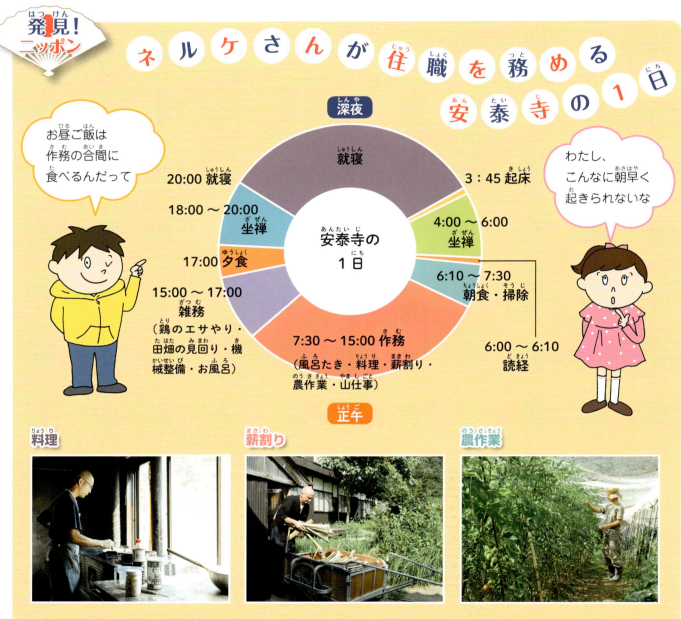

## 発見！ニッポン ネルケさんが住職を務める安泰寺の1日

安泰寺の朝は、まだ暗い早朝3時45分から始まります。朝食の後は作務とよばれる、お寺での生活のためのさまざまな仕事をします。自給自足の畑づくりをしたり、お風呂を沸かすための薪割り、料理など、それぞれ修行者が担当をもって働きます。このほか、月に9日間、「接心」といって朝の4時から夜の9時まで、食事以外はずっと坐禅をする厳しい修行の期間があります。冬は雪が多いので農作業はせず、雪かきの作業のほかは、お経の研究に時間をあてます。

*2 おかげ…まわりからの助け、神仏の助けのこと。
*3 縁起…仏教の言葉で、あらゆる物事は、原因があって結果が生じることをいう。

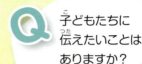

張をしっかりもちながらも、自己主張ばかりでなく、チーム全体を見ることを大切にする。その両方が、今の日本人には大事です。禅では、厳しい修行を通して『自分が仏になる』ことを目指します。そして、仏として生活することは、自立していることと同時に、自分を抜きにして考えて、まわりを見渡すことのできる人になることでもある。その両方ができて初めて、阿弥陀さまのような働きができるのです」

## もっと教えて！ネルケさん

**Q 子どもたちに伝えたいことはありますか？**

A 自分をしっかりと見つめて、「世界の人と暮らしている」という気持ちを持ってほしい。自分がこの地球をつくっている、自分が未来をつくるんだという、大きな覚悟も必要です

**Q 日本や日本人の嫌いなところを教えてください**

A 一番ショックだったのは、いつも「外国人」として扱われることです。どんなにがんばって日本語を話しても、日本文化を大事にしても、結局は「外国人」としかみられない、こえられない一線があって、日本人として受け入れてもらえないのはショックですね

**Q 一番好きな日本語を教えてください**

A 「おかげさま」。自分がまわりの人のおかげで今あるということに、感謝の気持ちを伝える言葉です。「切磋琢磨」は、他人といっしょに勉強したり働くことで、自分が磨かれること。人は一人では、生きていくことも、成長することもできません

「おかげさま」も「切磋琢磨」も、とても深い意味があるんだね

**Q これから挑戦したいことは何ですか？**

A 住職として10年以上やってきた安泰寺を、集中して坐禅ができる場、自給自足の場、西洋と日本との出会いの場として、より発展させていきたい

## profile

出身国：カメルーン
生年：1964年
職業：三味線奏者
紹介：本名、ワッシー・ヴィンセント・ジュニア。10代のころから国立オーケストラでドラマー、パーカッショニストとして活躍。1994年に来日し、三味線の音色に引かれて新内家元・富士松菊三郎に弟子入り。三味線とアフリカン・パーカッションを融合させた「ワッシー流」の音楽をつくり出し、各地でライブを行っている。

日本の民謡からアフリカの音楽まで、心に染み入るような音色で、ワッシーさんはさまざまな曲を三味線で表現しています。カメルーンの音楽一家に生まれたワッシーさんは、どんなきっかけで三味線と出会い、その技を磨いていったのでしょうか。

> わたしの夢は、三味線を海外に紹介することです。流派をこえたワッシー流の音楽を、どんどん世界に広めていきたいです

# 富士松ワッシーさん × 三味線

富士松ワッシーさん × 三味線

## 聞いたことのない音色との出会い

ワッシーさんは音楽一家に生まれました。お父さんは政治家でありながらギタリスト。二人のお兄さんも、それぞれギターとドラムを演奏するミュージシャンです。幼いワッシーさんも、自然とドラムとパーカッション*1を始め、10代でカメルーン国立オーケストラのメンバーに選ばれました。国内外で演奏会をしたり、外国からお客様が来たときに演奏でもてなすのが仕事です。

ミュージシャンとして活躍するうちに、ワッシーさんは日本の新聞社で働く友人から招待されます。アフリカ人のドラマーは日本ではめずらしいので、ぜひ取材をさせてほしい、と言われたのです。ワッシーさんが30歳のときでした。早速日本に行き、大阪にある新聞社の人の実家にホームステイさせてもらいました。するとそこで、これまでに聞いたことのない楽器の音が聞こえてきました。その家のおじいさんは三味線の師匠で、その稽古中の音だったのです。

「新内三味線の音はまっすぐで静か。すごく美しいと思いました。これまで長い間音楽をしてきましたが、こんな音は初めて聞きました」

それから、ワッシーさんはたちまち三味線の魅力に取りつかれたのです。

## むずかしいのは悲しい音を出すこと

三味線に興味をもったワッシーさんは、おじいさんに「本当に勉強したいなら、東京にいる先生を紹介する」と言われました。ワッシーさんはすぐさま「やってみたいです！」と答えます。そして紹介されたのが、後の師匠となる富士松菊三郎*2先生だったのです。ドラムではプロとして活躍してきたワッシーさんでしたが、三味線ではそうはいきません。バチのもち方や音の調整の仕方など、何から何までむずかしかった、とワッシーさんは振り返ります。中でも大変だったのは「正座」でした。三味線は、演奏をするときに正座をしなければなりません。外国人のワッシーさんにとって、慣れない正座は何より大変だったのです。

「でも一番むずかしいのは、悲しい音を出すことでした」とワッシーさん。弟子入りした「新内」という流派では、ただ引くのではなく、三味

### 家族・仲間じまん

この家庭でワッシーさんは三味線と出会ったんだ

（左）左からお兄さんのブリースさん、お兄さんの娘のシャーロットさん、お母さんのマリー・フェリシテさん。現在では、ブリースさんはドラマー、シャーロットさんはシンガーと、ワッシーさんと同じように音楽の仕事をしています。
（右）ワッシーさんを日本に招待してくれた友人家族と。ここで初めて三味線と出会います。

*1 パーカッション…ドラム以外の打楽器（リズム楽器）で、コンガ、ボンゴ、マリンバ、タンバリンなど。
*2 富士松菊三郎（1944〜）…江戸浄瑠璃新内節に15歳で入門して以来、新内三味線の第一人者として活躍。現在は東京、千葉、京都、大阪で稽古場を持ち、後進の育成にもはげむ。

線の音に心がこもっていないといけないのです。

「美空ひばりさんの『悲しい酒』という曲を練習したんです。でも、師匠に聴いてもらったら『全然悲しくない、それは新内のスタイルではない』って言われてしまいました」

稽古場で師匠の音を録音して、何度も繰り返し聴きました。また歌詞の意味を理解するために、日本語の猛勉強もしました。ちなみに、ワッシーさんが日本語を覚えるために通ったのは「居酒屋」。ほかのお客さんと話すうちに、少しずつ覚えていったそうです。

## アフリカ人で初めての「名人」へ

三味線を始めてから8年が経ったころ、師匠から「名取」を告げられます。名取というのは「名人」と認められたこと。つまり、一人前だと師匠が認めてくれたのです。その証として、ワッシーさんは「富士松ワッシー」という名前を師匠からもらいました。これは、アフリカ人としては初めてのすごいことでした。

「これからは新内に捉われず、ワッシーにしかできないオリジナルの音楽にチャレンジしてほしい。師匠からそう言われたんです。それから、三味線の曲をバンドでどんどんやるようになりました」

ワッシーさんは三味線を勉強する一方、オリジナルのバンドを結成して活動していたのです。師匠の言葉を受けてから、そこに三味線の音を取り入れるようになりました。日本の伝統的な民謡をはじめ、ブルースやラテン、アフリカンなどいろいろな音楽を組み合わせて、これまでにない「ワッシー流の音楽」に挑戦していったのです。カメルーン出身のワッシーさんが三味線を引き出すと、おどろくお客さんもいますが、演奏が進むにつれて、ほとんどの人が聞き入ってしまうそうです。

## 思い出の曲が出会いのきっかけ

バンドのヴォーカルは、実はワッシーさんの奥さんです。日本語の勉強にと、埼玉県草加市にある居酒屋で、お酒を飲んでいたワッシーさん。あるとき、隣に座った女性が、美空ひばりさんの「悲しい酒」を口ずさみ始めました。ワッシーさんにとって、三味線でたくさん練習した思い出の曲です。

「わたし、この曲を知っています」「どうして知ってるんですか？」「三味線で練習したんです」「三味線？　あなたが？」そうして二人は、たちまち仲よくなりました。バンドのヴォーカルを探していたワッシーさんは、「うちのバンドで歌ってくれませんか？」と声をかけました。そうして

↑ ワッシーさんの師匠、新内家元の富士松菊三郎先生との演奏風景。

アイテムチェック

愛用のエレキ三味線。この楽器から伝統だけではない、さまざまな音楽が組み合わさったワッシーさん独特のメロディーが生まれます。

## 家族じまん

居酒屋で"運命的な"出会いをした奥さんと。バンドのヴォーカルでもあります。

いっしょに音楽をするようになり、約1年後に結婚したのです。三味線と運命的に出会ったように、奥さんとも運命的な出会いを果たしたのでした。

### 仕事の心意気

ステージに立つとき、ワッシーさんはいつも心がけていることがあります。それは「楽しく演奏をしよう」ということ。むずかしいことを考えず、まずは自分が楽しもうと考えているのです。そうすれば、「楽しさ」はメンバーにもお客さんにも伝わり、自然と最高に盛り上がるステージになるのです。

### フランスでのコンサートが今から楽しみ

三味線と出会ってから、音楽のスタイルが変わったとワッシーさんは笑顔を見せます。カメルーンで身に付けたアフリカの音楽と、日本の伝統の音楽が合わさることで、これまでにない新しい音楽になったのです。

「もし日本に来てなかったら、三味線に出会えなかった。今の音楽のスタイルにも出会えなかっ

## 発見！ニッポン 三味線って何？

もともとは中国の三弦という楽器が、琉球（現在の沖縄）を経由し、室町時代の終わりごろに、泉州の堺（現在の大阪）に伝わりました。そして琵琶法師たちがその楽器を改良して演奏したのが、三味線の始まりといわれています。三味線は、木製の胴の両面に動物の皮を張り、胴を貫通してのびる棹に3本の弦を張った楽器です。演奏はバチや指で行います。棹の太さによって太棹・中棹・細棹に分けられ、歌の種類によって使い分けます。

**細棹三味線**
長唄、小唄、端唄など

**中棹三味線**
民謡など

**太棹三味線**
津軽民謡

歌川国芳作「猫のけいこ」

三味線の皮には、猫や犬の皮が使われているんだ

た。日本に来て本当によかったです」
　フランスで暮らすお兄さんの誕生日に、ワッシーさんは奥さんといっしょにお祝いに行きました。そのときのパーティーで、日本の民謡を三味線と歌で演奏すると、参加者たちは大喜びでした。ワッシーのバンドも、フランスでのコンサートに、ぜひ出てほしいと依頼されたワッシーさん。今からそのコンサートが楽しみで仕方ないと言います。

　「わたしの夢は、三味線を海外に紹介することです。それも新内流ではなく、ワッシー流の音楽を、どんどん世界に広めていきたいです」
　日本はもちろん、世界中に三味線を広めていく。そのために、ワッシーさんはいつも新しい音楽をつくろうと、楽しみながらがんばっています。故郷のカメルーンから離れて暮らすことにも、「ワッシーはミュージシャン。音楽をしていればちっともさびしくありません」と笑顔を見せました。

## もっと教えて！ワッシーさん

**Q** 子どもたちに伝えたいことはありますか？

**A** 友達がこうしたから、テレビがこう言っているから、ではなく、あなたがしたいことをしましょう。もちろん、結果に責任を取らないといけませんが、全てはあなた自身のことなのですから、自分で決めるようにしましょう

**Q** 日本や日本人の嫌いなところを教えてください

**A** 日本のマスコミが好きではありません。テレビで取材をされたとき、バラエティに出てほしいと言われたので、断りました。ワッシーは真面目に音楽をやりたいんです。けれど、面白いことやバカなことをしないと、マスコミは取り上げてくれないのが残念です

**Q** 一番好きな日本語を教えてください

**A** 「濃い目」です。居酒屋でお酒をつくってもらうとき、いつも言う言葉なんです。居酒屋は大好きで、お酒を飲みながら人と話しているときに、音楽のアイデアも浮かんでくることが多いんです

**Q** 日本や日本人の好きなところを教えてください

**A** 東京の北千住、浅草など下町が好きです。みんな正直で、お世辞も言わないから、話していて楽しいですね。あと温泉が好きで、一週間に2回は必ず通っています

ぼくも温泉大好き！

## ニッポンの外国人の街

# 新大久保 & 大泉町

日本は島国で、国民のほとんどは同じ人種といわれています。でも、みなさんの住む街にも多くの外国人、日本国籍をもった外国からの人々が暮らしています。「外国人の街」は、各地にたくさんあるのです。

##  韓国人の街（新大久保）

韓国・朝鮮の人々が集まる「コリアタウン」でも有名なのは、東京都新宿区の新大久保。街にはたくさんの韓国料理屋やその食材を扱うスーパー、タレントグッズの店が立ち並んでいます。新大久保がコリアタウンとなったのは1960年代後半。韓国系企業の工場ができたため、韓国人労働者が集まり始めたことがきっかけでした。当初、コリアタウンに日本人が訪れることはあまりありませんでした。ところが2002年のサッカーワールドカップ日韓共同開催や、大ヒットドラマ『冬のソナタ』などをきっかけに韓流ブームが起き、今では日本人もたくさん訪れるようになっています。

➡ （上）近年のK-POPアイドルやドラマの影響で、街はにぎやかです。
（下）毎年秋に開かれる大久保祭り。写真は民族衣装「チマチョゴリ」を着て、パレードをしている様子。

##  ブラジル人の街（大泉町）

群馬県の大泉町には「ブラジルタウン」があります。大泉町にも大きな工場があり、1990年以降、ブラジル人をはじめとした多くの外国人が働くようになりました。現在、大泉町の人口の1割以上が、ブラジル人をはじめとした南米系の人々です。故郷での生活を懐かしむ人のために、ブラジル料理のお店やスーパーが増え、「ブラジルタウン」になったのです。街には母国語であるポルトガル語の看板や屋外標識が立ち並んでいるほか、日本ではあまり見かけない雑貨や食材、洋服などが売られています。また、国際交流を目的としたお祭りが毎年開催されるなど、イベントも積極的に行われています。

⬅ （上）日本語がまだよくわからない外国人の子どもたちのために、小中学校には日本語学級があります。（下）町内には、故郷の食事がつくれるように、南米の食品や日用品をあつかうスーパーがあります。

● **監修者紹介**

**ロバート キャンベル**（Robert Campbell）

1957年、ニューヨーク市生まれ。日本文学研究者。現在、東京大学大学院総合文化研究科教授。
近世・近代日本文学、とくに江戸時代後期から明治時代前半の漢文学が専門。また日本の文学、芸術、メディア、思想に関心を寄せ、新聞・雑誌、テレビ、ラジオでも幅広く活躍中。
主な編著に『ロバート キャンベルの小説家神髄―現代作家6人との対話』（NHK出版、2012年）、『Jブンガク―英語で出会い、日本語を味わう名作50』（東京大学出版会、2010年）など多数。

| | |
|---|---|
| NDC 360 | |
| 監修　ロバート キャンベル | |
| 外国人が教えてくれた！ | |
| 私が感動したニッポンの文化 | |
| ① 奥が深いんだ！伝統に育まれた道をきわめる | |
| 日本図書センター | |
| 2014年　48P　29.7 × 21.0cm | |

● **取材執筆・写真撮影**
- p. 6～11　肥沼和之、木藤富士夫
- p.12～17　肥沼和之、石原敦志
- p.18～23　肥沼和之、石原敦志
- p.24～28　沢田眉香子、有本真紀
- p.30～35　沢田眉香子、有本真紀
- p.36～41　沢田眉香子、有本真紀
- p.42～46　肥沼和之、石原敦志
- コラム執筆　肥沼和之

● **本文イラスト**　岡村奈穂美、下田麻美

● **写真協力**　小泉八雲記念館、在日本大韓民国民団（韓国民団）、東京韓国学校、大泉町役場、大泉町観光協会、時事通信フォト

● **デザイン・編集・制作**　ジーグレイプ

● **企画担当**　日本図書センター／高野総太、村上雄治

---

## 外国人が教えてくれた！ 私が感動したニッポンの文化
### 第1巻　奥が深いんだ！ 伝統に育まれた道をきわめる

2014年10月25日　初版第1刷発行
2024年 7月25日　初版第4刷発行
[監　修] ロバート キャンベル
[発行者] 高野総太
[発行所] 株式会社 日本図書センター　〒112-0012　東京都文京区大塚 3-8-2
　　　　　電話　営業部 03（3947）9387　出版部 03（3945）6448
　　　　　http://www.nihontosho.co.jp
印刷・製本　TOPPANクロレ株式会社

2017　Printed in Japan
乱丁・落丁本はお取り替えいたします。

ISBN978-4-284-20289-3　C8336（第1巻）

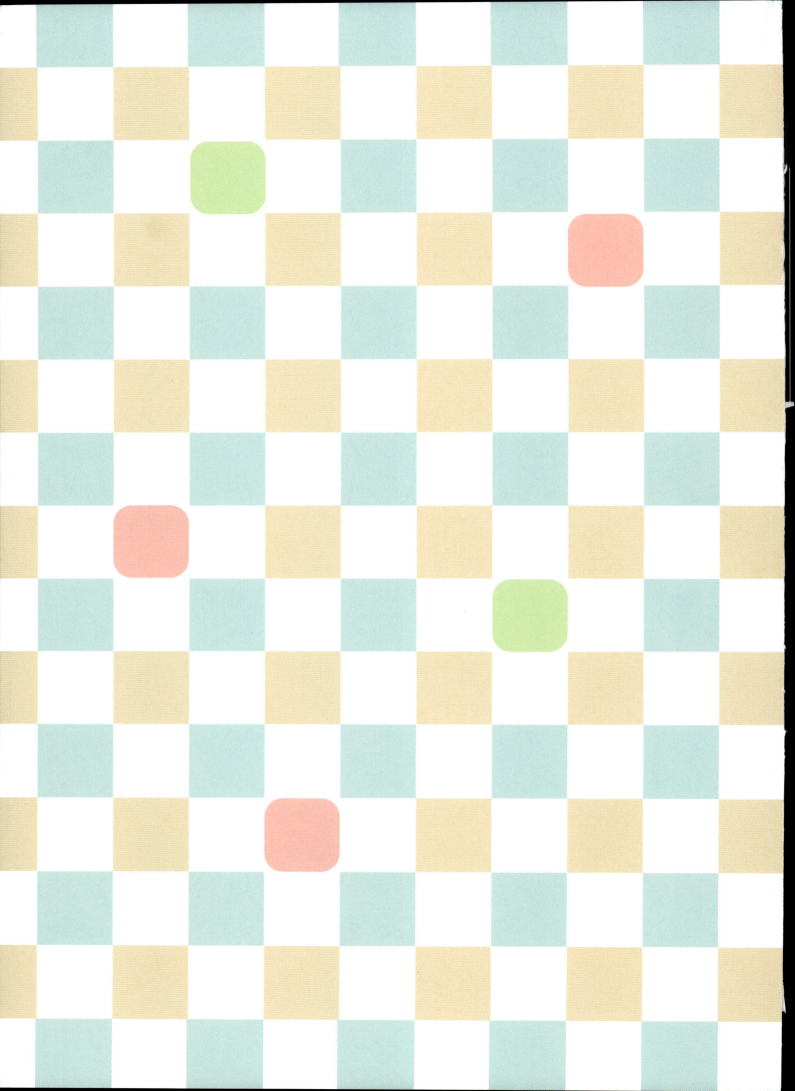